RÉPUBLIQUE FRANÇAISE

Liberté—Égalité—Fraternité

DÉPARTEMENT DE LA SEINE

DIRECTION DES AFFAIRES DÉPARTEMENTALES

ÉTAT DES COMMUNES

A LA FIN DU XIXe SIÈCLE

publié sous les auspices du Conseil Général

L'HAŸ

NOTICE HISTORIQUE

ET

RENSEIGNEMENTS ADMINISTRATIFS

MONTÉVRAIN

IMPRIMERIE TYPOGRAPHIQUE DE L'ÉCOLE D'ALEMBERT

1900

L'HAŸ

MONOGRAPHIES

—

En vente :

ÉPINAY
PIERREFITTE
STAINS
VILLETANEUSE
ORLY
DUGNY
ANTONY
LE BOURGET
THIAIS
RUNGIS
FRESNES
DRANCY

LE PLESSIS-PIQUET
VILLEMOMBLE
BONDY
GENNEVILLIERS
ROMAINVILLE
BOURG-LA-REINE
LA COURNEUVE
BOBIGNY
SCEAUX
BONNEUIL-sur-MARNE
L'HAŸ

Sous presse :

LES LILAS
ROSNY-SOUS-BOIS

AUBERVILLIERS
NOISY-LE-SEC

En préparation :

CHATENAY
CHOISY-LE-ROI

CHEVILLY

DÉPARTEMENT DE LA SEINE

DIRECTION DES AFFAIRES DÉPARTEMENTALES

ÉTAT DES COMMUNES

A LA FIN DU XIXe SIÈCLE

publié sous les auspices du Conseil Général

L'HAŸ

NOTICE HISTORIQUE

ET

RENSEIGNEMENTS ADMINISTRATIFS

MONTÉVRAIN

IMPRIMERIE TYPOGRAPHIQUE DE L'ÉCOLE D'ALEMBERT

1900

NOTICE HISTORIQUE

L'HAŸ [1]

Anciennement, communauté de la Généralité et de l'Election de Paris, paroisse du doyenné de Montlhéry.

De 1787 à 1790, municipalité (avec Chevilly) du département de Corbeil.

De 1790 à l'an IX, commune du district de Bourg-la-Reine (supprimé en l'an III) et du canton de Choisy-le-Roi.

De l'an IX à 1893, commune de l'arrondissement de Sceaux et du canton de Villejuif.

Maintenue à ce canton par la loi du 12 avril 1893.

1. Il n'existe en France, d'après le *Dictionnaire des postes*, qu'une autre localité orthographiée de même : L'Haÿ, hameau de la commune de Chaux-du-Dombief, au département du Jura. Si l'étymologie la Haye pouvait être admise, l'identité de L'Haÿ serait établie avec un grand nombre de noms de lieu.

I. — FAITS HISTORIQUES

La commune de l'Haÿ est située sur le penchant et le sommet de la colline qui domine la rive droite du cours de la Bièvre, exposée à l'Ouest et dans une condition qui fut jadis très favorable à la culture de la vigne. On y jouit d'un panorama charmant sur la vallée et les sites boisés qu'offre l'autre rive, au delà de Bourg-la-Reine.

L'origine de son nom demeure obscure. L'orthographe actuelle en est récente, et certainement fautive. Il y a soixante ans, on écrivait communément Lay ou Lahy; l'article est donc explétif, surtout si l'on considère que les plus anciens actes (ils remontent au IXᵉ siècle) portent tous *Laiacum* ou *Lahiacum*. La désinence *acum* signifiant toujours : terre appartenant à ..., il faut proposer un nom romain tel que *Lagius*, qui serait celui du premier possesseur de la terre, et c'est précisément sous la forme *Lagiacum*, exceptionnellement employée, que L'Haÿ apparaît pour la première fois dans l'histoire [1].

C'est en 829, dans une charte par laquelle l'évêque de Paris, Inchade, institua le partage des biens de la Cathédrale entre lui et son Chapitre : L'Haÿ fut dévolu au Chapitre, en même temps que d'autres terres voisines, Bagneux, Chevilly, Châtenay, et de nouvelles chartes royales ou bulles pontificales de 980, 982 et 1165 lui confirmèrent cette possession. Elles ont été publiées par M. de Lasteyrie au tome Iᵉʳ de son *Cartulaire général de Paris* (Collection de l'histoire générale de Paris).

Le Cartulaire de Saint-Merri, dont le tome XVIII des *Mémoires de la Société de Paris et de l'Ile-de-France* contient le texte, prouve qu'à la fin du XIIᵉ siècle cette église parisienne avait des biens à L'Haÿ : Adda, fille de Pierre de L'Haÿ, renonça, à cette époque, aux prétentions qu'elle pouvait avoir

---

1. Si l'on en croyait une liste des villages de la banlieue de Paris au XVᵉ siècle où celui qui nous occupe est mentionné sous la forme la Haye, la recherche de l'étymologie serait bien simplifiée: il s'agirait d'une haie, d'une clôture faite de branchages, dont tant de localités tirent leur nom; mais les formes latines plus anciennes interdisent d'admettre cette explication.

sur une terre achetée à L'Haÿ par les chanoines de Saint-Merri
à Guérin de Villejuif (pp. 146 et 147).

De son côté, l'abbé Lebeuf rapporte qu'une autre église de
Paris, celle de Saint-Marcel, avait des biens dans le même lieu
au XIIIe siècle ; elle affranchit les serfs qui les faisaient valoir
par une charte de 1238. Il fournit aussi la preuve que, vers
le même temps, Mathieu de Marly, Guillaume de Poissy,
Guillaume de Lay (peut-être ces deux derniers ne sont-ils
qu'un seul personnage) s'en disaient seigneurs en partie. Il nous
apprend enfin que, lors de la domination anglaise, les biens
que Jean le Blanc possédait à L'Haÿ lui furent confisqués, et
donnés à la reine, sans que l'on sache si c'est à la reine de
France, Isabeau de Bavière, ou à Catherine, veuve du roi
d'Angleterre, Henri V.

Depuis le XIIIe siècle au moins, et probablement anté-
rieurement, L'Haÿ était le siège d'une paroisse, placée sous le
vocable de Saint-Léonard. Elle fut rebâtie au commencement
du XVIe siècle et consacrée, le dimanche 17 mai 1523, par
l'évêque de Paris, François Poncher. M. de Guilhermy y
avait relevé, il y a environ cinquante ans, le texte d'une
curieuse inscription, aujourd'hui disparue, aux termes de
laquelle Sulpice Véron, ancien curé du lieu, mort en 1590,
avait légué à la fabrique de la paroisse une maison et une
rente de vingt-quatre livres pour la fondation d'un maître
d'école qui instruirait gratuitement les enfants de la paroisse
de Chevilly et de La Rue. Une autre inscription, qui n'existe
également plus, datée de 1627 ou 1637, relatait, au dire de
l'abbé Lebeuf, l'institution d'un vicaire chargé de tenir les
écoles. De notre côté, nous avons retrouvé aux Archives
nationales (S. 3658) l'acte de concession en 1653, par Messieurs du
Chapitre de Notre Dame, d'une place devant l'église « pour
contribuer de leur part au bastiment de l'école et au logement
du maître ». Comme on le voit, l'enseignement primaire est
en honneur dans la commune depuis plus de trois siècles.

Nous ne pouvons parler que par ouï-dire du château de
la Tournelle, dont la disparition est bien regrettable. Lebeuf,
qui put le voir, le décrit ainsi :

« La tour ou donjon quarré dont je parle est un édifice
du XIVe ou du XVe siècle. Elle est bâtie dans le haut du
village et entièrement de pierres de taille ; quatre tourelles

terminées en cul de lampe et surmontées par une couverture
d'ardoise en cône flanquent cette tour ; au bas de la couverture,
des quatre côtés, est une lucarne pratiquée en plomb. L'escalier
est construit par les dehors du côté méridional. Cette tour
n'était pas indigne de loger une reine dans les temps que
j'ai marqués ci-dessus. On ne bâtissait point autrement alors.
Les corps de logis qui environnent ce donjon ne sont point
d'un temps si reculé. On voit sur la porte qui conduisait
dans l'ancien jardin un écu à croix nue. »

Les possesseurs de ce logis s'intitulaient seigneurs de la
Tournelle, la seigneurie proprement dite de L'Haÿ appartenant
toujours au Chapitre de Notre-Dame qui la conserva jusqu'à
la Révolution. Dans le carton précédemment cité des Archives
nationales, se trouve l'acte d'acquisition, en 1650, par la
fabrique, d'une pièce de terre d'un quarteron ou environ, au
chevet de l'église, « sur lequel estoit cy-devant basty partie de
la maison seigneurialle du dict Lay ». Cela donne à croire que,
dès le milieu du XVIIe siècle, le Chapitre avait laissé tomber
en ruines cette maison. Il ne paraît pas qu'il l'ait fait relever.

En 1787, le gouvernement donna à la France une organi-
sation administrative nouvelle. Une assemblée provinciale fut créée
pour chaque Généralité ; les municipalités, régies par des dispositions uniformes, furent réparties dans les arrondissements
et les départements entre lesquels la Généralité était, pour la
première fois, divisée. Ce fut, — on l'a fait remarquer déjà avec
vérité, — la révolution administrative précédant la révolution
politique. Dans cette nouvelle répartition des paroisses, L'Haÿ
constitua une municipalité du département de Corbeil et de
l'arrondissement de Longjumeau ; mais, par une dérogation
à la règle généralement observée, on réunit en une seule
municipalité, sans doute en raison de leur faible territoire, les
deux paroisses de L'Haÿ et de Chevilly, bien qu'elles eussent
toujours été distinctes jusque-là. C'est donc dans ces conditions que leurs syndics, leurs officiers municipaux et les
habitants se réunirent pour rédiger le texte de leurs doléances,
demandé à chaque municipalité pour être soumis aux États
généraux de 1789. Voici ce document :

Cahier des paroisses de Chevilly. — L'Haÿ, vœux et doléances des habitans
desdites paroisses, convoquées au son de la cloche et tenues ce jourd'hui,
14 avril 1789, après les messes paroissiales des dits lieux, pour satisfaire aux

ordres de Sa Majesté portés par ses lettres données à Versailles le 24 janvier dernier, et aux règlemens y annexés, en laquelle assemblée il a été arrêté unanimement de requérir :

Article premier. — Nous demandons que tous les privilégiés et maîtres de poste, qui jusqu'alors n'ont rien payé des impôts royaux, les payent comme nous, et que leurs privilèges soient anéantis.

Art. 2. — Nous demandons que les dîmes soient égales, c'est-à-dire que Messieurs du Chapitre Notre-Dame, à Paris, perçoivent de nous sept gerbes dans le cent, et que toutes les terres voisines qui nous enclavent ne payent que quatre gerbes l'arpent, ce qui fait à peu près une inégalité de quinze à dix-huit gerbes par arpent que nous payons de plus; nous demandons de payer comme eux et de faire casser les sentences qui nous empêchent d'enlever nos grains sans prévenir le receveur, et souvent il y a des grains de perdus par icelles.

Art. 3. — Nous demandons de pouvoir faucher nos luzernes, prés et bourgognes quand nous le jugerons à propos, et sans que les officiers des chasses puissent nous interrompre dans nos travaux, étant assujettis à de fortes réprimandes, ou à être assignés à la Garenne du Louvre.

Art. 4. — Nous demandons de même de pouvoir éplucher nos grains autant qu'ils en auront besoin, sans être gênés par les officiers, comme nous le sommes, ce qui fait un grand tort à l'État et à la patrie, de ne pouvoir porter secours à nos grains dans le besoin.

Art. 5. — Nous demandons la suppression entière des aides et gabelles, vu le grand tort que tout cela cause à tous les sujets de Sa Majesté en payant des sommes immenses.

Art. 6. — Nous demandons que la destruction du gibier soit faite et que les capitaineries soient abolies, ce qui fera le bien de la patrie; attendu les manques de récoltes causés par les lièvres, perdrix, lapins, etc., qui depuis longtemps sont en partie cause de la cherté du grain et du fourrage, ce qui nous met hors d'état de pouvoir satisfaire aux deniers royaux desquels nous sommes chargés sans aucun égard à notre malheur.

Art. 7. — Nous demandons que les remises, buissons verts et secs soient détruits et arrachés, c'est-à-dire dans la plaine, ce qui cause un grand délit tant par les oiseaux que par les bêtes fauves qui y font leur résidence dans le temps de la moisson, ce qui cause un grand dégât autour d'icelles.

Art. 8. — Nous demandons qu'il ne soit plus permis d'épiner les terres comme ci-devant, attendu la charge des cultivateurs, ce qui leur fait une grande dépense, étant obligés d'épiner trois fois par an, et être sujets d'avoir des reproches et de payer des amendes.

Art. 9. — Nous demandons que les pigeons soient renfermés dans les deux semences, autour d'un mois chacune semence, et de la moisson.

Art. 10. — Nous demandons la suppression entière des milices, attendu le grand tort que cela cause dans chaque paroisse par le dérangement que cela cause à tous les citoyens et la dépense qui s'y fait.

Art. 11. — Nous demandons à remettre aux coffres du roi le montant des impositions auxquelles nous serons imposés à l'avenir, par le ministère de l'un de nous; nous nous cautionnerons pour assurer les deniers royaux, ce qui fera un grand avantage tant à Sa Majesté qu'à son peuple.

Art. 12. — Nous demandons la suppression entière des corvées, ce qui devient très à charge et onéreux à la patrie, attendu que nous avons un pavé qui est l'ancienne route de Versailles à Choisy, et que la dégradation en est totalement faite par le commerce qui arrive au marché de Choisy, et ci-devant entretenu par l'État.

Art. 13. — Nous demandons que les baux faits par les bénéficiers aient cours pendant neuf ans comme baux de seigneurs et autres, parce qu'il arrive que, dans le courant des baux, le fermier se trouve expulsé par la mort des bénéficiers, ce qui fait une grande perte aux cultivateurs et aux biens de l'État.

Art. 14. — Nous demandons par un besoin urgent de faire faire des fossés partout où besoin sera, pour défendre les délits occasionnés par les bouveries auxquelles nous nous trouverons sur le passage, rapport au marché de Sceaux.

Art. 15. — Nous demandons qu'il soit fait dans chaque paroisse par les seigneurs un fonds de 600 livres aux écoles desdites paroisses pour l'instruction des enfants, et que les enfants ne payent plus les mois comme par le passé, attendu qu'il y a de pauvres malheureux qui ne peuvent pas donner d'instruction à leurs enfants, par faute de pouvoir payer un maître et une maîtresse.

Art. 16. — Nous demandons qu'il soit fait par les mêmes seigneurs un don à MM. les curés, vicaires, chapelains, maîtres, etc., de chaque paroisse, pour ne plus payer les sacrements, comme baptêmes, mariages et enterrements, ledit fonds montant à peu près au casuel d'une année commune.

Art. 17. — Nous demandons enfin que tous les impôts soient répartis avec égalité sur les princes comme sur les laboureurs, sur les pauvres comme sur les riches.

Clos le présent cahier en la salle ordinaire des assemblées le même jour, et en présence de tous les habitants de la paroisse soussignés.

Signé : Louis-Pierre Bleuse, F. Demay, A. Nicolas, Beudon, un des membres ; Brigot, Pierre Bery, François Renard, F. Carré, Le Bonne, Noret, Louis Darbau, François Bleue, F. Mainfray, J.-B. Thibaut, Jean Léonard, Fretil, J.-Pierre Andry, M.-J. Vincent, L. Lion, Louis Ferrouge, La Pierre, Nicolas Boncorps, F. Girodon, J. Porte, Nicolas Leblanc, Le Bourlier, J.-L. Michaud, Jean de Garsenne, Brice, Leduc, A. Lejeune, François Chapellin, Robillard, Effrotier, syndic, et C. Chevallier [1].

L'un des premiers actes de la municipalité, à l'origine de la Révolution, fut, le 25 octobre 1789, de désigner deux adjoints à l'effet de constater les délits criminels « si le cas y écheoit »; l'assemblée des habitants nomma Charles-Joseph Le Bourlier, ancien laboureur, pour Chevilly, et Nicolas Lapierre, maître maçon, pour L'Haÿ.

Nous ne savons trop s'ils en avaient vraiment le droit, mais ils sévirent à plusieurs reprises, notamment pour faire respecter les vignes. En septembre 1790, procès-verbal fut dressé maintes fois contre des personnes qui avaient cueilli

1. *Archives parlementaires*, t. IV, pp. 428-429.

des raisins avant le ban de vendanges. Trente-deux grappes em-
portées dans ces conditions sans l'agrément des messiers donnèrent
lieu à verbaliser ; un « citoyen qui chassait avec son chien
dans les vignes fut condamné à trois livres d'amende et ordre
lui fut donné de tenir désormais son chien à l'attache ».

Voici le texte d'un procès-verbal dressé pour un délit
d'une autre nature :

> L'an mil sept cent quatre vingt dix, le 20 septembre avant midy, est comparu
> au greffe de la municipalité de L'Haÿ-Chevilly, le sieur Jean-Baptiste Beudon,
> procureur syndic des deux dites paroisses. Déclare que le jour d'hier, pendant
> l'office divin, faisant sa ronde de police chez les marchands de vin et boulangers
> pour le poids du pain, a trouvé le fils du sieur Jean-Pierre Audry, laboureur
> à Larue, qui déchargeoit une voiture de bois à la porte du boulanger, et lui a
> dit pourquoi il n'avoit pas arrivé cette voiture, un jour ouvrable, veille du
> dimanche. Le fils Audry a répondu que son père avoit été à Paris. En
> conséquence, respectant la divinité, il pouvoit remettre son voyage de Paris et
> arriver le bois la veille, et l'ayant pris une fois un pareil dimanche, il juge à
> propos qu'il soit mis à l'amende comme récidive, et a signé.

Il ne semble pas que la réunion des deux anciennes
paroisses en une seule commune ait du même coup créé l'union
entre elles.

Au premier registre de délibérations des archives de L'Haÿ
se trouve (fol. 66 v°) le procès-verbal d'une assemblée pour la
nomination des officiers municipaux, tenue le 21 novembre 1790
« à Lay où se sont tenues les assemblées précédentes comme
étant l'endroit le plus considérable par sa population ».
L'assemblée ne se trouva pas en nombre, par suite de l'absence
de beaucoup des habitants de Chevilly :

« On a invité M. le Maire à vouloir bien se transporter
à Chevilly en compagnie de deux officiers de la municipalité
et de M. le Procureur syndic pour représenter par les voies
les plus amicales à MM. les habitants de Chevilly, parmi
lesquels il y a plusieurs officiers municipaux des deux paroisses
par laquelle (*sic*) ne composent qu'une municipalité, la nécessité
de vivre en bonne intelligence, de ne point se désunir ; que
c'est le bon accord des citoyens qui fait leur force et qu'il
y auroit le plus grand danger s'il y avoit désunion.... »

Le dimanche suivant, l'assemblée eut lieu « en l'église de
Chevilly où l'on est convenu d'un commun accord de tenir
les assemblées générales alternativement, tantôt dans l'une et
tantôt dans l'autre paroisse.... » (fol. 67 r°).

Disons tout de suite que Chevilly obtint d'être séparé de L'Haÿ et de former une commune distincte, au cours de l'année 1793 ; les registres de son état civil prouvent que la séparation était consommée le 14 ventôse an II.

Le 16 janvier 1791, le curé de L'Haÿ prêta le serment civique. A cette occasion, il prononça un discours en présence du maire, de la garde nationale et de tous les citoyens qui assistaient à la messe paroissiale. Quelques extraits permettront de juger du ton de cette harangue, transcrite en entier au registre des délibérations municipales :

« …Plusieurs ecclésiastiques éclairés ont déjà prêté le serment. D'autres, non moins instruits, l'ont refusé par délicatesse de conscience. On dit qu'ils seront forcés d'abandonner leurs paroisses.

« Moy, vous quitter, mes amis ! Moy, vous quitter, mes enfans !

« Moy, vous quitter, mes bien aimés ! Non, je n'en ferai rien ; je ne suis pas capable de le faire. Je vous suis trop attaché pour y penser. Cette idée même me révolte ; elle me pénètre de tristesse, elle ne m'inspire que de l'horreur !

« Quoi ! Je vous abandonnerois après vous avoir promis, le 2 de ce mois, de vivre toujours et de mourir avec vous ! J'y persévère dans ce sentiment. Il est trop profondément gravé dans mon cœur pour s'effacer jamais ! »

En 1815, lors de la marche de Napoléon sur Paris, à son retour de l'île d'Elbe, le gouvernement de Louis XVIII tenta d'organiser, sur le plateau qui s'étend de L'Haÿ à Villejuif, des cantonnements de troupes pour défendre l'entrée de la capitale par les routes de Fontainebleau et d'Orléans, mais l'état d'esprit des soldats était tel qu'on dut y renoncer, de peur de fournir à l'empereur de nouveaux renforts au lieu de lui opposer des combattants.

La révolution de 1830 fut accueillie dans la commune sans émotion et ne donna lieu à aucune autre manifestation que le fait, pour le Conseil, de prêter « serment de fidélité au roi, obéissance à la charte constitutionnelle et aux lois du royaume ». Le maire, depuis un an, était M. Pierre Bronzac, qui garda ses fonctions jusqu'en 1851. L'Haÿ a eu des administrateurs aussi dévoués et entendus que lui ; aucun ne l'a été davantage. Ses concitoyens lui en témoignèrent, d'ailleurs, toute leur gratitude, et cela à plusieurs reprises. Le 16 mai 1843, le Conseil décida de donner le nom de Bronzac à la voie des

Poulets, et le 3 septembre suivant, bien que le maire fût en par-
faite santé, de lui accorder gratuitement un terrain de onze mètres
dans le cimetière pour sa sépulture perpétuelle. La délibération
ordonnant cette concession funèbre, et un peu prématurée peut-
être, énumère les bienfaits dont la commune était déjà alors
redevable à M. Bronzac : une fontaine (nous en parlons plus loin),
une école et une mairie données par lui ; — la restauration de
l'église, l'ouverture de la route de Cachan, le pavage des deux
rues du village, accomplis sous son administration, grâce aux
deniers qu'il avait obtenus du pouvoir central.

La république de 1848 était le troisième régime qui trouvait
M. Bronzac en fonctions. Ce fut lui qui présida à la proclamation de la Constitution, fêtée dans la commune le dimanche
19 novembre 1848.

Après avoir en personne procédé la veille à une distribution
de secours en espèces, s'élevant à 200 francs, aux familles
nécessiteuses au nombre de 59 personnes, et à une distribution
de bons de pain et de viande, il réunit les autorités sur la place
de l'Église, et, après avoir prononcé un discours, fit donner
lecture des 116 articles de la Constitution. Le registre des
délibérations relate en ces termes la suite des faits de la journée :

« Après quoi, tout le monde est entré dans l'église, où un
Te Deum a été chanté dans le plus grand recueillement. Cette
cérémonie religieuse terminée, la garde nationale, le Conseil
municipal et toute la population ont reconduit chez lui M. le
Maire qui leur a exprimé toute sa satisfaction pour leur
empressement à se rendre à cette cérémonie, et leur dévouement
à la République. Cette véritable fête s'est terminée par un bal
que M. le Maire a offert chez lui à tous les habitants sans
distinction, qui s'y sont rendus, et se sont amusés avec la plus
grande concorde fraternelle. Ce bal a duré jusqu'à deux heures
et demie du matin.

« De tout quoi nous avons dressé le présent procès-verbal, qui a
été à l'instant signé par les membres du Conseil municipal,
M. le Curé, les quatre officiers de la garde nationale, M. le
Maire et M. l'Adjoint, après y avoir annexé l'exemplaire de la
Constitution qui a servi à sa proclamation. »

Au mois de mai 1851, M. Bronzac et tous les conseillers
donnèrent leur démission, « parce que le Département ne s'était
pas occupé de la mise à l'enquête d'une portion de terrain ».

Il est difficile de ne pas voir là un prétexte mis en avant pour cacher un désaccord politique. Avant de se séparer, le 29 mai 1851, les magistrats municipaux firent apposer dans les fondations de la mairie-école une plaque de bronze portant l'inscription suivante :

RÉPUBLIQUE FRANÇAISE DE 1848

MONUMENT ÉLEVÉ EN 1849

SOUS L'ADMINISTRATION DE

MESSIEURS BRONZAC, MEMBRE DE LA LÉGION D'HONNEUR,

MAIRE DE L'HAŸ

SAVORNIN, ADJOINT, ET. DE MAUCUIT, GALLAIS, BERTHIER, PRADEL

BAFFOS, VINCENT (MATHURIN), VINCENT (RODOLPHE) ET CHEVALLIER,

CONSEILLERS MUNICIPAUX

Trois jours auparavant, le 26 mai, le prince-président avait signé un décret nommant maire de L'Haÿ M. Chevreul (Michel-Eugène), membre de l'Institut, commandeur de la Légion d'honneur. Les biographes de l'illustre chimiste n'ont guère connu cette particularité. Chevreul resta maire de L'Haÿ jusqu'en 1864. Né en 1786, il avait donc soixante-dix-huit ans lorsqu'il résigna ses fonctions municipales. On ne saurait dire cependant que l'âge fut la seule cause de cette décision, puisque Chevreul devait vivre encore vingt-cinq ans. Personne n'ignore en effet que le vénérable savant est mort à l'âge de cent trois ans, en 1889. L'année qui suivit sa retraite de la mairie de L'Haÿ fut celle où la dignité de grand officier de la Légion d'honneur lui avait été conférée. Il est inhumé dans le cimetière du pays.

La commune fut ensuite administrée par M. le docteur Hache dont la gestion (de 1865 à 1876) fut extrêmement profitable aux intérêts de L'Haÿ. Nous en parlons dans le chapitre des Annales administratives.

La guerre de 1870 éclata : dès le 15 septembre, la mairie reçut l'ordre de faire évacuer les habitants, auxquels des abris furent offerts à Paris dans le quartier du Val-de-Grâce. Deux jours après, l'ennemi arrivait. Le Conseil municipal tint séance désormais, boulevard Saint-Michel, 69, les 24 septembre, 1er et 29 octobre, 12 novembre 1870 et le 4 février 1871.

La position stratégique de L'Haÿ était trop avantageuse pour que l'armée allemande n'ait fait les plus grands efforts pour s'y maintenir. Elle y réussit en établissant, au Nord de la commune, un camp retranché long d'un kilomètre environ pour lequel furent utilisées toutes les portes, persiennes, devantures de magasins, etc., du bourg. Nos troupes, cantonnées aux Hautes-Bruyères, au Moulin-Saquet, dans la plaine de Villejuif, engagèrent de nombreuses escarmouches et deux combats plus sérieux, les 30 septembre et 29 novembre, dont le souvenir sanglant est consacré par des inscriptions commémoratives attestant la vaillance déployée, hélas, en vain !

Le 15 mars 1871, la population put rentrer dans ces logis dévastés, qu'occupait encore l'ennemi. Puis, ce furent les horreurs de la guerre civile. L'Haÿ fut souvent le théâtre de luttes plus déplorables encore que celles de l'année précédente. De nouveau, les habitants durent émigrer au mois de mai, et aller chercher un refuge au delà des lignes belligérantes, vers Longjumeau, où ils restèrent jusqu'à la fin du mois.

Près de trente ans se sont écoulés depuis ces jours néfastes, et l'on ne dirait pas, à voir aujourd'hui le coquet village, qu'il n'était alors qu'un monceau de ruines. L'œuvre de paix s'y est accomplie silencieusement; le calme est revenu. Par sa situation même, L'Haÿ est appelé à rester, dans la banlieue si bruyante de Paris, le type des communes où règneront longtemps encore le charme et la tranquillité de la vie champêtre.

II. — MODIFICATIONS ADMINISTRATIVES ET TERRITORIALES

Dès le 7 mars 1790, la municipalité de L'Haÿ-Chevilly affirmait dans les termes suivants ses revendications à l'Assemblée nationale afin d'obtenir que la ville de Sceaux fût le siège d'un tribunal :

Demande de la municipalité de L'Haÿ-Chevilly

A nos Seigneurs de l'Assemblée nationale.

Les maires (*sic*), officiers municipaux et habitants des villages de L'Haÿ et Chevilly supplient l'Assemblée nationale d'établir un tribunal de justice au bourg de Sceaux-Penthièvre pour rapprocher les citoyens de ce canton des juges et des officiers ministériels.

Sceaux contient en son enclave une population de 3.000 âmes au moins. Il est le lieu le plus conséquent du canton, éloigné d'un demi-quart de lieue de la route d'Orléans, traversé par l'ancienne route de Fontainebleau à Versailles, et par une autre qui s'embranche à celle de Chevreuse ; il se trouve au milieu de différents villages conséquents et très près les uns des autres. Le marché qui est établi pour l'approvisionnement de Paris y attire, chaque semaine, une quantité prodigieuse de marchands ; tous les villages circonvoisins ont un accès facile pour arriver au bourg ; sa juridiction comprenait déjà cinq paroisses circonvoisines.

Plusieurs officiers ministériels y résident ; les habitans des villages circonvoisins sont habitués d'y venir chercher les officiers ministériels qui leur sont nécessaires ; il serait malheureux pour eux que le tribunal de justice fût établi ailleurs qu'à Sceaux parce que ce bourg, par sa position favorable, se trouve correspondre à tous les villages circonvoisins dont il forme le centre. Les officiers municipaux, les habitans sollicitent eux-mêmes l'établissement de ce siège ; nous avons pris lecture de leur adresse à l'Assemblée nationale, et en y donnant notre adhésion, nous vous supplions, nos Seigneurs, d'accorder ce tribunal au vœu commun des habitans de ce canton pour qu'ils profitent de la régénération que vous avez opérée, et d'être persuadés de notre soumission à tous les décrets qui sont émanés de l'Assemblée des représentants de la Nation française.

Délibéré en l'assemblée municipale des maires, officiers municipaux et notables des paroisses de L'Haÿ et Chevilly, l'an mil sept cent quatre vingt dix, le sept mars, et avons tous signés sur le registre :

C. Chevallier, maire (et six autres signatures) 1.

On sait que, depuis cent dix ans, satisfaction n'a pas encore été donnée à cette requête.

Le 6 mars 1791, la municipalité de L'Haÿ, toujours réunie à celle de Chevilly, divisait son territoire en dix-sept sections ainsi dénommées :

1 La Guinaye ;
2 La Petite Bretagne ;
3 La Voye des Meuniers ;
4 La Grande Bretagne ;
5 Le Noyer Godard ;
6 Le Cornion ;
7 Les Cochettes ;
8 La Vallée Renard ;
9 Crèvecœur ;
10 Le Pont Lorin ;
11 Les Épinettes ;

1. Archives municipales de L'Haÿ, 1ᵉʳ registre de délibérations communales.

12 Les Frettes ;
13 Le Conard ;
14 Les Bouteilles ;
15 Le village de Lay ;
16 Le village de Chevilly ;
17 Le hameau de La Rue [1].

Nous avons dit qu'en l'an II la disjonction des deux communes était effectuée. Cette répartition ne fut donc qu'éphémère.

On trouvera dans la Notice historique sur Bourg-la-Reine, publiée dans la présente Collection, le texte des documents concernant les négociations très longues qui aboutirent, en vertu de l'ordonnance royale du 25 septembre 1834, à distraire du territoire de L'Haÿ, au profit de Bourg-la-Reine, un territoire de 4 hectares, 23 ares, 56 centiares, faisant partie du canton de terre dit le Petit-Chambord. Le rapport ministériel qui détermina cette ordonnance établit que les centimes communaux n'étaient diminués, par la disjonction, que de 2 fr. 14.

Le 8 février 1835, une délibération motivée du Conseil municipal réclamait le maintien à Sceaux du chef-lieu de la sous-préfecture.

Le 18 février 1836, le Conseil protesta, mais sans succès, contre le transfert à Thiais du chef-lieu de la perception, jusque-là à Chevilly.

III. — ANNALES ADMINISTRATIVES. — LISTE DES MAIRES

Budget. — Il nous paraît intéressant de donner le texte du premier budget de dépenses que contiennent les registres de délibérations communales ; il est établi pour l'an X (1802) :

Le Conseil, délibérant sur la fixation des dépenses de cette commune pour l'an X, est d'avis de les régler ainsi qu'il suit, savoir :

1° Au secrétaire et instituteur	400 francs
2° Pour le montage et l'entretien de l'horloge. .	50 —
3° A l'afficheur.	40 —
4° Pour l'entretien et réparations du temple . .	50 —
5° Pour l'entretien du pavé pour les parties qui ne sont pas grande route, attendu son mauvais	
A reporter	540 francs

1. Archives municipales de L'Haÿ, 1er registre de délibérations communales.

Report	540 francs
état, à la charge d'adjuger cet entretien au rabais	100 —
6° Pour le *Bulletin des lois*	6 —
7° Pour l'entretien de la fontaine .	50 —
8° Pour les frais de mairie	100 —
Total	796 francs

Instruction. — Une délibération du 11 août 1833 fixait le traitement de l'instituteur à 235 francs par an, au lieu de 125. La rétribution mensuelle était maintenue à 1 fr. 25 pour les commençants, à 1 fr. 50 pour les enfants qui savent écrire. En 1858, le traitement de l'instituteur était de 300 francs. Le 12 février 1860, il fut élevé à 600 francs et la rétribution scolaire portée à 2 francs. Dans le compte rendu si complet qu'il a présenté de sa gestion, M. le docteur Hache expose qu'en 1873 ce traitement fut augmenté de 200 francs, et en 1875 fixé à 2.000 francs, lorsque la gratuité de l'enseignement eut été votée.

Voirie. — Une délibération du 9 février 1834 prescrivit l'amélioration du chemin dit de la Godarde ou Cosarde, aboutissant sur la route d'Orléans, à Bourg-la-Reine, près de l'église du lieu (il s'agit de celle qui a précédé l'édifice actuel), afin de faciliter les relations de L'Haÿ avec la capitale.

Nous avons dit plus haut que c'est depuis une délibération du 10 mai 1843 que la voie des Poulets porte le nom de rue Bronzac.

MAIRES DE L'HAŸ

CHEVALIER, Claude. Élu en 1790.
VINCENT, Mathurin-Joseph. Élu le 13 novembre 1791.

. . . .

BOUDET. Maire en l'an VIII.
GUIGNARD, Jacques-François-Claude. 1815-1816.
DESPRÉAUX-SAINT-SAUVEUR, 1816-1821.
MULLER, Henri-Frédéric, 1821-1829. Démissionnaire.
BRONZAC, Pierre. 1829-1851. Démissionnaire.
CHEVREUL, Michel-Eugène. 1851-1864. Démissionnaire.
FOUQUET, Jean-Baptiste. Maire adjoint par autorisation spéciale. 1864-1865.
HACHE, Norbert-Irénée, 1865 (décret du 26 août)-1876. Démissionnaire.
SAVORNIN, Eugène. 1878-1888.
BARRUÉ, Nicolas-Louis. 1888-1896.
RAMEAU, Léon. 1896-1899.
LE PÈRE, Paul-André. Élu le 26 août 1899.

IV. — MONUMENTS ET ÉDIFICES PUBLICS

Mairie et école. — Le 6 juin 1830, le Conseil municipal décida d'acquérir la propriété du sieur Lebègue, voisine de l'église, pour y installer une salle de mairie, le presbytère, l'école et le logement de l'instituteur. Les frais d'acquisition et d'enregistrement d'actes s'élevaient à 5.100 francs, les travaux d'aménagement à 8.100 fr. 17, sur lesquels la municipalité put disposer de 4.300 francs, comptant « sur la sollicitude du gouvernement pour le surplus ». C'est la mairie actuelle, avec l'école, complètement refaite en 1849, et plusieurs fois restaurée depuis. Le presbytère n'y fut cependant pas installé ; la commune paya une indemnité de logement au desservant.

Église. — Elle date en partie du XVIᵉ siècle, mais en 1836 une réfection totale de la toiture, des voûtes du côté du Midi et du clocher fut jugée indispensable. Elle fut confiée à M. Billaud, architecte à Paris, et coûta 12.500 francs. La guerre de 1870 rendit nécessaire une nouvelle restauration, que M. Hache déclare avoir coûté environ 7.000 francs.

Fontaine Bronzac. — Elle fut inaugurée sous la présidence du sous-préfet de Sceaux, M. Lesourd, le 17 mars 1833. Deux bas-reliefs en bronze accompagnent le monument. Sur l'un d'eux, est gravée l'inscription suivante :

LES HABITANTS DE L'HAŸ A M. BRONZAC.

INGRATES ENVERS NOUS, LES NYMPHES DES FONTAINES
POUR LA GRANDE CITÉ VERSAIENT TOUTES LEURS EAUX.
MAIS VOTRE ART A TROUVÉ DES SOURCES SOUTERRAINES
COULANT DANS LE CREUX DES COTEAUX.
NOUS AVONS BIEN SOUFFERT DE LEUR TROP LONGUE ABSENCE
ET NOS VŒUX SONT COMBLÉS DE LES VOIR EN CES LIEUX.
QUE CE BRONZE A JAMAIS RAPPELLE A NOS NEVEUX
NOS BESOINS, VOS BIENFAITS, NOTRE RECONNAISSANCE.

De l'autre côté, une autre inscription donne « la date de cette heureuse journée » et le nom des autorités sous l'administration desquelles le monument a été élevé.

BIBLIOGRAPHIE

L'ABBÉ LEBEUF, *Histoire du diocèse de Paris*, t. IV, pp. 40-43 de l'édition de 1883.

Dr HACHE, l'Administration de L'Haÿ, de 1865 à 1876, articles publiés dans *l'Indépendant* des 28 juin, 12 et 26 juillet et septembre 1896.

FERNAND BOURNON.

RENSEIGNEMENTS
ADMINISTRATIFS

I. — TOPOGRAPHIE, DÉMOGRAPHIE ET FINANCES

§I. — TERRITOIRE ET DOMAINE

A. — TERRITOIRE

Nom. — L'Haÿ.

Dénomination des habitants. — Aucune appellation spéciale n'est en usage pour désigner les habitants.

Armoiries. — La commune ne possède pas d'armoiries.

Limites du territoire. — La commune de L'Haÿ, située sur un plateau dominant la vallée de la Bièvre et d'où l'on découvre un vaste panorama, est bornée :

Au Nord, par Arcueil-Cachan et Villejuif ;

A l'Est, par Villejuif et Chevilly ;

Au Sud, par Chevilly et Fresnes ;

A l'Ouest, par Antony et Bourg-la-Reine.

Quartiers, hameaux, écarts. — Le pays ne forme qu'une seule agglomération ; les habitations sont toutes groupées autour de la mairie, principalement de chaque côté de la route départementale n° 26 (rue du Val), sauf quelques propriétés très importantes, dont l'une même va jusqu'à la Bièvre.

Lieux dits. — La Voie des Postes, Plaine de l'Haÿ, les Poulets, les Mamies, les Frettes, Prairie de l'Haÿ, les Épinettes, les Garennes, le Guimet, Moulin de l'Haÿ, l'Orme

Sec, l'Hayettes, les Roux, les Closeaux, Butte des Roux, la Vallée aux Renards, les Cotainvilles, les Cochettes.

Superficie de la commune. — La superficie actuelle du territoire est de 390 hectares, dont :

Propriétés bâties. . . .	40 h.
Propriétés non bâties .	350 h.
Total égal	390 h.

Arrondissement. — Sceaux.

Canton. — Villejuif.

Circonscription électorale législative. — Troisième circonscription de l'arrondissement de Sceaux.

Sectionnement électoral. — Pas de sectionnement.

Bureau de vote. — Uu seul bureau de vote, à la mairie.

Circonscription de commissariat. — Commissariat de police de Choisy-le-Roi.

Orographie. — Point le plus élevé au-dessus du niveau de la mer : 120 mètres, à l'extrémité Nord de la commune, au lieu dit « la Voie des Postes », près de la redoute des Hautes-Bruyères.

Point le plus bas : 45 mètres, au lieu dit « la Prairie de L'Haÿ », qui comprend toute l'extrémité Ouest de la commune arrosée par la Bièvre et ses dérivations.

L'altitude a été repérée, à l'église, à la cote 82 m. 9.

Hydrographie. — La Bièvre est la seule rivière de l'arrondissement de Sceaux dont les eaux soient utilisées comme force motrice. D'autres petits cours d'eau dont le débit est des plus minimes se jettent dans cette rivière et ne présentent aucun intérêt.

La largeur de la Bièvre ne peut être définie bien nettement à cause de l'existence, à côté du lit naturel, d'un certain nombre de dérivations, dites rivières mortes, destinées principalement à faciliter le curage de la rivière et dont plusieurs forment des bras dans lesquels l'eau ne coule pas continuellement.

Nous avons adopté, pour le calcul du débit, la largeur de quatre mètres, fixée par les arrêtés préfectoraux.

La section de la Bièvre, dans laquelle se trouve L'Haÿ, et qui va de la limite du département de Seine-et-Oise jusqu'au moulin de Cachan, a un débit très variable, car, indépendamment de plusieurs affluents, quelques puits artésiens fournissent des eaux à la rivière.

DÉSIGNATION des COURS D'EAU	LOCALITÉS du département situées SUR LES COURS D'EAU	LIMITES dans le département DES COURS D'EAU ou de leurs sections		LONGUEURS comprises dans le DÉPARTEMENT		LARGEUR MOYENNE des cours d'eau ou de leurs sections	PENTE TOTALE par cours d'eau ou par section	SURFACE DU VERSANT de chaque cours d'eau dans le DÉPARTEMENT
		A L'AMONT	A L'AVAL	PAR SECTION	PAR COURS D'EAU			
				mèt.	mèt.	mèt.	mèt.	mèt.
Bièvre (2e section)	Antony L'Haÿ	Limite du département de Seine-et-Oise	Moulin de Cachan	6,747	12,354	4 »	9,93	»

DÉSIGNATION des COURS D'EAU	VOLUME PAR SECONDE		
	DES EAUX ORDINAIRES	DES EAUX D'ÉTIAGE	DES GRANDES EAUX
	mèt. cub.	mèt. cub.	mèt. cub.
Bièvre (2e section)................	0,300	0,40	2,500

B. — DOMAINE

Mairie. — La mairie est située au fond de la place du même nom, dont les autres côtés sont formés par la rue du Val, l'école de garçons et le bas côté gauche de l'église.

C'est une construction d'aspect très simple, composée d'un rez-de-chaussée surélevé et de deux étages; l'intérieur comprend : au rez-de-chaussée, le secrétariat; au 1er étage, le logement du secrétaire-instituteur et la salle du Conseil, en même temps salle des mariages où l'on remarque au fond une espèce de tribune close et surélevée qui servait à M. Chevreul, quand il était maire de L'Haÿ, à présider le Conseil; au 2e étage, le logement du garde champêtre.

La superficie du terrain est d'environ 120 mètres carrés.

C'est une propriété communale.

Écoles. — L'école des garçons est située place de la Mairie et y est contiguë ; l'agrandissement du préau, en 1873, coûta 7.500 francs.

La superficie est d'environ 300 mètres carrés.

L'école des filles occupe, rue du Val, n° 38, une propriété de 5.000 mètres carrés acquise, en 1888, au prix de 20.000 francs.

Le secrétaire a la jouissance de la moitié du jardin, l'autre partie étant réservée à la directrice.

La commune est propriétaire de ces deux immeubles.

Église. — L'église, sous le vocable de Saint-Léonard, a été construite en 1837, sur les plans de l'architecte Billaud ; l'ancienne flèche, qui menaçait ruine, a été démolie et remplacée, en 1866, par un clocher qui a coûté 5.327 francs.

L'extérieur en est fort simple, mais le clocher, très élégant, produit, quand on le voit en arrivant à Bourg-la-Reine, au milieu des masses de verdure des grands parcs, un très agréable effet.

L'intérieur, composé d'une nef avec deux collatéraux, est simple, un peu trop sombre, mais très soigneusement décoré et entretenu ; on y remarque deux tableaux attribués à Jules Romain et représentant le massacre des Innocents et, surtout, dans la chapelle de Saint-Léonard, qui termine le bas côté droit, deux petits panneaux sur verre, anciennes grisailles, représentant saint Léonard et sainte Colombe et qui paraissent dater du XVI° siècle. Ils furent donnés, en 1774, par M. Charles Gorron.

Le chœur et la chapelle du bas côté gauche appartiennent au XV° siècle.

Temple, Synagogue. — Néant.

Presbytère. — Le presbytère est situé place de l'Église. Il occupe une superficie d'environ 250 mètres carrés ; il appartient à la fabrique qui l'a reçu en don ; son appropriation, en 1865, a atteint la somme de 3.794 francs.

Cimetière. — Le cimetière a son entrée sur le prolongement de la rue du Val (route départementale n° 26, de Paris à Fresnes). En 1853, Mlle Davalet fit don à la commune d'un terrain de 286 m. 68, à condition que 36 m. 30 seraient réservés pour des sépultures de sa famille. En 1865, il a été agrandi de 3.5oo mètres donnés par la famille Chevreul ; les travaux d'aménagement coûtèrent 5.029 fr. 04.

Le cimetière renferme la tombe du savant Chevreul, mort en 1889.

Un caveau dépositoire, ouvert en 1880, a demandé une dépense de 353 fr. 55.

Tombes militaires. — Une tombe militaire, située vers le milieu du cimetière, est entourée et partagée en deux parties par une grille ; un des côtés contient les restes de 34 soldats français, l'autre ceux de 9 soldats allemands.

En dehors de cette double tombe militaire, le territoire de la commune contient trois monuments commémoratifs de la guerre de 1870-1871.

L'un, devant le cimetière, se compose d'une croix de granit ; il a été érigé au moyen d'une souscription des habitants.

Au coin de la rue Bronzac et de la voie des Saussâies et un peu en dehors de l'agglomération, le Conseil général a fait édifier un monument en pierre, en forme de sarcophage, décoré seulement d'une épée gravée dans la pierre et qui porte l'inscription suivante :

PARIS

A SES DÉFENSEURS

BATAILLE DE L'HAŸ. 29 NOVEMBRE 1870

Enfin les soldats du 35e de ligne ont fait élever, sur le territoire de L'Haÿ, mais presque à la limite de Chevilly, sur la voie de Chevilly à Vitry, un monument funéraire pour conserver le souvenir de l'emplacement où tombèrent leurs camarades, le jour du combat de Chevilly.

Il se compose d'un piédestal supportant une colonne tronquée en marbre noir, surmontée d'un vase en marbre blanc. Une grille entoure le monument qui porte les inscriptions suivantes :

COMBAT DE CHEVILLY. 3o SEPTEMBRE 1870

LES OFFICIERS, SOUS-OFFICIERS ET SOLDATS DU 35ᵉ RÉGIMENT DE LIGNE
A LA MÉMOIRE DE LEURS CAMARADES TOMBÉS SOUS LE FEU DE L'ENNEMI.

SIÈGE DE PARIS. 1870-1871.

Pendant que le 35ᵉ et le 42ᵉ de ligne attaquaient Chevilly, une compagnie du 15ᵉ bataillon de chasseurs à pied, appuyée par le 89ᵉ de ligne, se portait sur L'Haÿ; après une lutte héroïque, cette compagnie, qui avait perdu ses officiers et la moitié de son effectif, dut obéir à l'ordre qu'elle reçut de cesser le combat.

Hospice *Hôpital* *Morgue* *Crèche* *Dispensaire* *Fourneau économique* *Théâtre* *Abattoir* *Fourrière* *Terrains communaux* *Fort*	La commune n'a aucun de ces établissements.

§ II. — DÉMOGRAPHIE

A. — POPULATION

Les dénombrements faits depuis 1801 donnent les résultats suivants :

1801	325 [1]
1817	33ı
1831	36o
1836	407
1841	4ı6
1846	477
1851	48ı
1856	526
1861	585
1866	645
1872	6o7
1876	67ı
1881	6o9
1886	66ı
1891	76o
1896	8ı6

Le chiffre de la population de la commune a donc un peu plus que doublé depuis le commencement du siècle.

Les tableaux dressés à la suite du dernier recensement contiennent les résultats suivants :

Population *résidente :* 8ı6.

Résidents présents	686	
— absents	2	8ı6 habitants
Population comptée à part	ı28	

[1] Un siècle auparavant, en 17o9, lors du dénombrement des paroisses de la Généralité de Paris, la population de L'Haÿ ne comprenait que 63 feux. *(Appendice* (p. 428) *au Mémoire de la Généralité de Paris pour l'instruction du duc de Bourgogne,* publié dans la collection des Documents inédits de l'Histoire de France, par M. de Boislisle.)

La population, *recensée comme présente*, le 29 mars 1896, se décompose ainsi :

	ENFANTS ou célibataires	MARIÉS	VEUFS	DIVORCÉS	TOTAL
Hommes.............	186	126	34	2	348
Femmes.............	279	114	71	2	466
	465	240	105	4	814

La population de L'Haÿ, au point de vue de la provenance, se divise ainsi :

23/29ᵉˢ d'habitants venus de divers points de la France ;
5/29ᵉˢ d'habitants nés à L'Haÿ ;
1/29ᵉ d'Alsaciens et d'étrangers.

Le classement de cette population par nationalités est résumé dans le tableau suivant :

		HOMMES	FEMMES	TOTAL
FRANÇAIS .	Nés de parents français............	337	458	795
	Naturalisés	2	»	2
ÉTRANGERS	Anglais......................	2	1	3
	Américain....................	»	1	1
	Allemands....................	2	2	4
	Belges.......................	1	1	2
	Luxembourgeois...	»	1	1
	Italien	»	1	1
	Suisses......................	3	1	4
	Russe	1	»	1
		348	466	814

Les départements de la France qui fournissent à la commune le plus fort contingent sont :

Seine (non compris L'Haÿ) . . . .   376 habitants
Seine-et-Oise   40   —
Seine-et-Marne   24   —
Cantal   16   —
Loir-et-Cher   12   —
Aisne   10   —
Meurthe-et-Moselle   10   —

En résumé, la population de L'Haÿ est ainsi répartie d'après le lieu de naissance :

Français. . . .	797 habitants, dont	137	nés dans la commune.
Étrangers . . .	17 —	3	—
Soit un total de. .	814 habitants, dont	140	nés dans la commune.

Dans l'année 1898, l'état civil a enregistré :

7 naissances ;
39 décès (dont 16 seulement d'habitants de la commune ; le surplus provient de la maison d'hospitalisation) ;
7 mariages ;
» divorces.

B. — HABITATIONS

Nombre de maisons : 126.

Habitations composées d'un rez-de-chaussée. . . . . . »
   —   d'un étage 111
   —   de deux étages. 15
   —   de trois étages. . . . . »
                   Total 126
dont . . . . 126 occupées
et. . . . . » vacantes.
Nombre de logements : 180, occupés par . . 31 isolés.
                  et . . . . 149 familles.
3 ateliers, 9 magasins ou boutiques.

C. — DIVERS.

Électeurs inscrits en 1899. — 164.

Recrutement. — 4 conscrits ont tiré au sort en 1899.

Chevaux. — 43 chevaux, appartenant à 25 propriétaires :

Chevaux entiers . . . 11 dont	»	au-dessous de 6 ans et	11 au-dessus
Chevaux hongres. . . 22 —	»	—	22 —
Juments . . . . 10 —	»	—	10 —
Totaux . . . . 43 dont	»	au-dessous de 6 ans et	43 au-dessus.

Voitures. — 26 voitures, appartenant à 17 propriétaires.

15 à 2 roues, attelées de 1 cheval.
4 à 2 roues, attelées de 2 chevaux.
7 à 4 roues, attelées de 1 cheval.

Total. . . 26

§ III. — FINANCES

A. — CONTRIBUTIONS

Principal des contributions directes en 1899 :

Contribution foncière	6.047	»
— personnelle et mobilière	2.186	»
— des portes et fenêtres	1.384	»
— des patentes	1.056,58	
Total.	10.673,58	

Perception des contributions. — La commune dépend de la perception de Choisy-le-Roi ; les bureaux sont ouverts rue de la Halle, n° 7, les mercredis, jeudis et vendredis, de 9 heures à 3 heures ; de plus, le percepteur de cette circonscription se tient à la mairie de L'Haÿ le troisième mardi de chaque mois, de 11 heures à 3 heures.

B. — OCTROI

Il n'y a pas d'octroi dans la commune.

C. — FINANCES COMMUNALES

Recettes ordinaires d'après le compte de 1897.	17.635,81	
— extraordinaires — —	249,65	
Total	17.885,46	[1]
Dépenses ordinaires d'après le compte de 1897.	16.315,81	[2]
— extraordinaires — —	4.489,10	[2]
Total	20.804,91	[3]

Les dépenses ordinaires se répartissent entre les principaux services de la manière suivante :

[1]. Ces recettes constituent les ressources normales de la commune.
[2]. Non compris les restes à payer devant figurer au compte administratif de l'année suivante.
[3]. Ce total représente les dépenses normales de la commune.

1º Administration et police. 2.963,36
2º Voirie. 6.076,29
3º Bienfaisance 1.054,84
4º Enseignement 1.879,42
5º Dépenses diverses. 3.095,75

Emprunts. — La commune a contracté, avec le Crédit foncier de France, un emprunt de 5.200 francs pour l'acquisition de l'école des filles, remboursable en 3o années, à partir du 31 janvier 1889. (Décision ministérielle du 31 août 1888 et traité du 29 novembre suivant.)

Secours. — La commune a reçu, depuis 1890, des secours pour les travaux énumérés ci-après :

Année 1891. — Élargissement de la route départementale nº 66. . . . .   750 francs

Année 1893. — Installation du gaz dans la commune . . . .   475 francs

Valeur du centime en 1899. — 106 fr. 75.

Nombre de centimes. — 88 centimes, non compris les 3 centimes pour frais de perception des impositions communales.

Charges par habitant. — 17 fr. 23.

Receveur municipal. — Le percepteur des contributions de Choisy-le-Roi remplit les fonctions de receveur municipal de la commune de L'Haÿ.

Il reçoit, à cet effet, un traitement de 933 francs.

II. — SERVICES PUBLICS

§ I. — BIENFAISANCE

Bureau de bienfaisance. — Cet établissement charitable distribue aux indigents des secours en nature : pain, viande et combustible, et leur fait donner, en cas de maladie, les soins nécessaires.

Un médecin, attaché au Bureau de bienfaisance, reçoit une indemnité annuelle de 100 francs ; deux sages-femmes reçoivent 15 francs par accouchement d'indigente.

Douze familles, représentant 31 individus, sont inscrites au Bureau de bienfaisance.

En outre, le Bureau distribue, chaque hiver, des secours à des indigents non inscrits.

D'après la dernière situation financière, les recettes du Bureau se sont élevées à 3.258 fr. 40 et les dépenses à 1.151 fr. 70, d'où un excédent de recettes de 2.106 fr. 70.

Les revenus de l'établissement étant inférieurs à 30.000 francs, c'est le receveur municipal qui est, de droit, trésorier du Bureau ; il reçoit, à cet effet, une indemnité annuelle de 42 francs.

M. Flouquet, ancien adjoint, a laissé à la commune, par un codicille du 30 août 1864, une rente de 800 francs 3 % sur l'État, pour « placer des vieillards des deux sexes, dans une maison de retraite sise à L'Haÿ ou ailleurs ; le choix des vieillards sera fait par le maire et les conseillers municipaux. »

Hospice. — Néant.

Hôpital. — Néant.

Traitement des malades dans les hôpitaux de Paris. — Les malades de la commune sont envoyés en traitement dans les hôpitaux de Paris.

Conformément aux délibérations du Conseil général, du 3 avril 1890, et du Conseil municipal, du 28 juin suivant, la commune paye un abonnement basé sur le nombre moyen des journées de traitement des trois années précédentes, à raison d'un franc par jour et par malade.

La somme payée, 'pour l'année 1897, a été de 55 francs.

Assistance à domicile. — Par délibérations en date des 18 décembre 1895 et 26 avril 1896, le Conseil général a fait inscrire au budget départemental une somme annuelle de 5o.ooo francs, destinée à subvenir à l'assistance à domicile des vieillards indigents, infirmes et incurables. La part contributive du département sera déterminée par l'Administration et devra correspondre au tiers de l'allocation municipale, qui, d'ailleurs, est facultative.

Les conditions d'âge sont 65 ans pour les indigents valides; elles ne sont pas applicables aux infirmes et aux incurables.

Il faut, en outre, avoir séjourné depuis dix ans à Paris ou dans une commune du département.

Depuis les délibérations du Conseil général, aucune disposition n'a été prise par la commune.

Aliénés. — Aucun aliéné ayant à L'Haÿ son domicile de secours n'a donné lieu, en 1897, à des dépenses incombant à la commune.

Les proportions dans lesquelles les communes du département de la Seine doivent contribuer aux dépenses des aliénés ont été fixées, par délibération du Conseil général, du 27 décembre 1886, à 20, 25, 3o et 35 % sur la dépense totale, suivant le revenu de la commune.

La part éventuelle de L'Haÿ est de 25 % dans la dépense des aliénés à sa charge.

Enfants assistés et enfants maltraités ou moralement abandonnés. — L'hospice des enfants assistés par le département de la Seine est situé à Paris rue Denfert-Rochereau, nos 72 et 74.

Les enfants maltraités ou moralement abandonnés sont assimilés, pour la dépense, depuis le 1er janvier 1890, aux enfants assistés, en vertu d'une délibération du Conseil général du 16 décembre 1889. Cette délibération a été prise dans le but de faire bénéficier le département des dispositions de l'article 25 de la loi du 24 juillet 1889. Aux termes de cet article, en effet, la subvention de l'État, dans les départements où le Conseil général se sera engagé à assimiler les enfants maltraités ou moralement abandonnés aux enfants assistés, doit être porté au cinquième des dépenses tant extérieures qu'intérieures des deux services.

Dans ces conditions, les charges relatives à ces deux services se confondent, et les communes, pour qui cette dépense est obligatoire, n'ont à fournir qu'un seul contingent,

La somme payée en 1897 a été de 250 francs.

Protection des enfants du 1er âge. — En 1898, les déclarations faites par les parents, conformément à l'article 7 de la loi du 23 décembre 1874, se résument ainsi qu'il suit :

	AU SEIN	AU BIBERON	TOTAL
Nombre d'enfants de L'Haÿ mis en nourrice dans le département de la Seine (hors Paris)	»	»	»
Nombre d'enfants mis en nourrice hors du département de la Seine.	»	3	3
	»	3	3

Les déclarations d'élevage faites par les nourrices de la localité, en exécution de l'article 9 de la loi, ont été de 3 enfants, tous nés dans le département de la Seine.

Crèche. — Néant.

Dispensaire. — Néant.

Fourneau économique. — Néant.

Secours aux familles des réservistes. — Un crédit de 53 fr. 36 est inscrit pour cet objet au budget de 1899.

Propagation de la vaccine. — Aux mois de mars et d'octobre, en exécution d'une circulaire préfectorale du 14 février 1894, les enfants des écoles sont vaccinés et revaccinés par les soins de l'Institut de vaccine animale, 8, rue Ballu, à Paris, qui vaccine également les jeunes enfants n'ayant pas encore l'âge scolaire qu'on lui présente.

Caisse des écoles. — Conformément aux dispositions de l'article 15 de la loi du 10 avril 1867, une Caisse des écoles a été créée en 1881.

D'après la dernière situation, les recettes se sont élevées à 756 fr. 65 et les dépenses à 668 fr. 35, d'où un excédent de recettes de 88 fr. 30.

Bureau municipal de placements gratuits. — Néant.

Société de secours mutuels. — Néant.

§ II — ENSEIGNEMENT

École de garçons. — L'école des garçons se compose de 40 élèves, ayant à leur tête un directeur.

École de filles. — L'école des filles comprend 23 élèves ; l'enseignement leur est donné par une directrice.

École maternelle. — Néant.

Enseignement du chant, du dessin et de la gymnastique. — Ces matières sont enseignées dans les deux écoles, suivant les programmes. Aucun crédit spécial ne figure au budget de 1899 pour ces articles.

Admissions dans les écoles primaires supérieures et professionnelles de la Ville de Paris. — Il n'y a pas eu d'admission pour l'année scolaire 1898-1899.

Dons et legs faits aux écoles. — Néant.

Bibliothèque scolaire. — Chaque école est dotée d'une bibliothèque; celle des garçons se compose de 350 volumes ; celle des filles de 60.

Des prêts gratuits sont faits aux enfants des écoles et à leurs familles.

Association philotechnique et polytechnique. — Néant.

§ III. — VOIRIE

La longueur des voies de communication qui sillonnent le territoire de la commune est de :

1 route nationale	160	mètres
1 route départementale.	3.500	—
3 chemins vicinaux de grande communication	2.600	—
8 chemins vicinaux ordinaires.	4.968	—
26 chemins ruraux.	11.619	—
Voirie urbaine	800	—
Total	23.647	mètres

Route nationale. — La route nationale n° 7, *de Paris à Antibes*, forme limite, à l'Est, avec Villejuif, sur 160 mètres. A cet endroit, la chaussée a 7 mètres de largeur et est encadrée de deux trottoirs de 9.m. 18 de largeur, plantés chacun de deux files d'arbres.

La chaussée est pavée dans toute sa longueur ; son état laisse à désirer.

Route départementale. — La route départementale n° 26, *de Paris à Fresnes*, traverse tout le territoire de la commune, dans sa plus grande longueur, sur un parcours de 3 kilom. 500. La chaussée est pavée : sa largeur est faible, sauf entre la sortie de L'Haÿ et le chemin de grande communication n° 60.

Un avant-projet, comportant le prolongement de cette route jusqu'à la route nationale n° 186, près des prisons de Fresnes, est actuellement soumis au Conseil général.

Chemins vicinaux de grande communication. — 1° Le chemin vicinal de grande communication n° 55, *de L'Haÿ à Ivry-sur-Seine*, part de L'Haÿ, où son étendue est de 850 mètres, de la route départementale n° 26 ; dans cette partie, la chaussée a une largeur de 6 mètres ; les pavages et les bordures sont usés en presque totalité.

2° Le chemin vicinal de grande communication n° 57, *de Montrouge à L'Haÿ*, se termine à L'Haÿ qu'il parcourt sur un espace de 925 mètres ; la chaussée est pavée et a une largeur de 5 à 6 mètres ; le pavage et les bordures sont en mauvais état sur 370 mètres. Entre la Bièvre et l'entrée de L'Haÿ, les trottoirs sont bordés d'arbres d'essences diverses appartenant aux riverains.

3° Le chemin vicinal de grande communication n° 60, *du Plessis-Piquet à Bonneuil-sur-Marne*, n'a sur le territoire de L'Haÿ qu'une étendue de 825 mètres. Entre les routes nationales 20 et 7, la chaussée a 6 mètres de largeur, excepté dans quelques parties de la traverse où elle est réduite par des immeubles en saillie ; elle est pavée, mais son état laisse à désirer.

Chemins vicinaux ordinaires. — Le tableau suivant donne la situation des chemins vicinaux ordinaires qui se trouvent sur le territoire de L'Haÿ.

NUMÉROS	DÉSIGNATION DES CHEMINS	LONGUEUR	ORIGINE	FIN	LARGEUR moyenne		CHAUSSÉE		OBSERVATIONS
					TOTALE	CHAUSSÉE	NATURE	ÉTAT	
		mètres			mét.	met.			
(1) 2	DE LA COSARDE	785	Route départem. n° 26.	Territoire de Bourg-la Reine.	10	4,15	Empierrée.	bon	
3	DU CHALET . .	1.000	Chemin de grande communication n° 60	Territoire de Fresnes.	8	4	id.	médiocre	
4	DU LOUP . . .	325	Sentier Miguon.	Id.	12	5	id.	assez bon	
5	DE BICÊTRE . .	740	Chemin de grande communication n° 60	Territoire de Villejuif.	10	4	id.	bon	
6	DE VITRY . . .	615	Chemin de Chevilly	Route nationale n° 7	10	4	id.	assez bon	
7	DE CHEVILLY. .	975	Chemin vicinal ordin. n° 9.	Chemin de Vitry	10	4	id.	id.	
8	RUELLE DE L'HAY.	238	Chemin vicinal ordin. n° 7.	Territoire de Chevilly.	6	5	Pavée.	id.	
9	DES TROIS-BORNES OU RUE CHEVREUL	290	id.	Route départem. n° 26	10	5	id.	id.	
	TOTAL . .	4.968							

Longueur totale à entretenir par la commune de L'Haÿ . . 4.968 mètres
Longueur à construire. . . . . » —
TOTAL ÉGAL. . . . . 4.968 mètres

Les dépenses relatives à l'entretien se sont élevées, en 1898, à 4.953 fr. 17. (Le département a alloué une subvention de 3.240 fr. 66.)

1 Le chemin n° 1 est devenu la route départementale n° 26.

Travaux neufs sur chemins vicinaux ordinaires { Travaux faits dans l'année et dépenses correspondantes { Néant / Projets en préparation.— Néant.

Chemins ruraux. — Les chemins ruraux sont au nombre de 26; leur étendue est de 12 kil. 619 mètres; leur énumération ne présente aucun intérêt.

Route militaire. — Néant.

Voirie urbaine. — Les rues de la commune sont au nombre de cinq et présentent un développement total de 800 mètres; l'une d'elles porte le nom de Chevreul, afin de perpétuer le souvenir du grand savant qui fut maire de la commune, de 1851 à 1864.

Voirie urbaine { Travaux faits dans l'année et dépenses correspondantes { Néant. / Projets en préparation.— Néant.

Prestations. — Par suite de l'insuffisance des ressources ordinaires de la commune applicables à l'entretien des chemins vicinaux, le Conseil municipal vote, chaque année, trois journées de prestations en nature dont la valeur en argent est appréciée par le Conseil d'arrondissement et le Conseil général.

Le rôle de l'année 1899 comporte 145 articles imposés se décomposant comme suit :

```
538 journées d'homme à 2 francs . . . . . . . . .   1.076  »
229    —     de cheval à 2 fr. 25 . . . . . . . .     515,25
  8    —     d'âne à o fr. 75 . . . . . . . . . . .       6  »
120    —     de voitures à 2 fr. 25. . . . . . . .     270  »
```

Sur ce nombre de journées, sont faites en nature :

```
132 journées d'homme;
173 journées de cheval;
  5 journées d'âne;
 11 journées de voiture.
```

Entretien des rues et des chemins ruraux. — L'entretien des rues de la commune et des chemins ruraux se fait par un cantonnier communal sous la direction de l'agent voyer communal.

Balayage. — Les habitants sont tenus de balayer, tous les dimanches, au droit de leurs maisons, jusqu'au milieu de la chaussée, et d'enlever eux-mêmes les ordures.

Le balayage de la mairie et des écoles est fait par un balayeur spécial.

Droits de voirie. — (Voir aux Annexes.) Aucune recette ne figure, à cet article, au compte de 1897.

Ponts. — Deux ponceaux sur la Bièvre.

Rus. — Il a été fait mention, à l'article « Hydrographie » du seul ru qui se trouve sur le territoire de la commune. Le curage est fait, selon l'usage, par les soins de l'Administration et aux frais des riverains, chacun au droit de soi, en l'absence de règlements généraux et par application du décret du 14 floréal an XI sur les canaux et rivières non navigables.

Port. — Néant.

Égout. — 350 mètres sous la route départementale n° 26.

Enlèvement des boues. — L'enlèvement des boues est fait par les habitants.

Distance de Paris. — La distance de Paris (parvis Notre-Dame) à L'Haÿ (mairie) est de 9 kil. 500 mètres, en suivant la route départementale n° 26.

Distance du chef-lieu de canton. — L'Haÿ est à 2 kil. 800 mètres de Villejuif.

Distance des autres communes du canton :
Chevilly est à 1 kil. 800 mètres.
Arcueil-Cachan est à 3 kil. 100 mètres.
Rungis est à 4 kil. 200 mètres.
Le Kremlin-Bicêtre est à 4 kil. 500 mètres.
Fresnes est à 4 kil. 800 mètres.
Gentilly est à 5 kil. 200 mètres.

Moyens de transport. — L'Haÿ ne possède sur son territoire ni chemin de fer ni tramway.

Omnibus. — Une entreprise privée, qui reçoit de la commune une subvention de 400 francs, dessert L'Haÿ par la station de Bourg-la-Reine (chemin de fer de Sceaux ou de Limours). Les départs ont lieu trois fois par jour de L'Haÿ et cinq fois de Bourg-la-Reine. Le dimanche, il est fait un départ supplémentaire dans chaque sens.

Bourg-la-Reine n'est qu'à 2 kilomètres de L'Haÿ.

Eaux. — La commune de L'Haÿ est alimentée par la Compagnie générale des Eaux, dont le siège social est à Paris, rue d'Anjou, n° 52, en vertu d'une police annuelle dont la première a été approuvée le 1er février 1875 et qui est renouvelée chaque année.

La Compagnie doit fournir 3.000 litres par jour du 1er avril au 1er octobre pour le lavage des ruisseaux et 3.000 litres par jour pour les 3 bornes-fontaines ; le prix actuellement payé est de 375 francs par an.

Les particuliers payent o fr. 57 le mètre cube.

En dehors de 76 puits, tant publics que privés, la commune possède une fontaine monumentale formée d'une colonne en bronze encastrée dans le mur, surmontée d'un vase et terminée par un mufle de lion d'où l'eau jaillit dans une vasque en pierre; elle est située à l'angle de la rue du Val et la rue Bronzac et due à la libéralité d'un ancien maire, M. Bronzac, qui la fit édifier à ses frais, en 1832, et creuser le puits qui l'alimente.

Trois inscriptions, dont une en vers, rappellent cette libéralité.

Éclairage. — La commune a passé, avec la Compagnie parisienne d'éclairage et de chauffage par le gaz, dont le siège social est à Paris, rue Condorcet, n° 6, un traité, approuvé par arrêté préfectoral du 20 décembre 1893, et prenant fin le 31 décembre 1905.

L'éclairage public comprend 20 becs.

Le gaz est fourni au prix de o fr. 20 pour la commune et de o fr. 40 pour les particuliers, avec des réductions dans les deux tarifs si la consommation augmente.

§ IV. — JUSTICE ET POLICE

Justice de paix. — La commune de L'Haÿ dépend de la justice de paix de Villejuif.

Les audiences de conciliation ont lieu le mardi à 1 heure et les audiences publiques le vendredi à 1 heure.

Officiers ministériels. — La commune n'a pas d'officiers ministériels.

Commissariat et agents de police. — L'Haÿ relève du commissariat de police dont le siège est à Choisy-le-Roi.

Des agents de ce commissariat font des tournées quotidiennes dans la commune.

Gendarmerie. — La commune dépend de la gendarmerie de Villejuif qui fait des rondes, chaque jour, sur le territoire de L'Haÿ.

Garde champêtre. — Il n'y a, dans la commune, qu'un garde champêtre.

§ V. — CULTES

Paroisse. — La paroisse de L'Haÿ constitue une succursale dont le titulaire reçoit un traitement de 900 francs par an.

Budget de la fabrique. — Les recettes du budget de la fabrique s'élèvent à 1.780 francs environ.

Fondations. — Les fondations faites à la fabrique de L'Haÿ sont les suivantes :

M. Pierre Bronzac lègue une somme de 2.000 francs pour des prières. (Testament olographe du 10 octobre 1868. Décret du 21 novembre 1872.)

M. Mauban (Georges-Henry), au nom de l'Œuvre des Tombes, fait une rente de 15 francs 3 % pour une messe annoncée au prône et dite à l'intention des soldats tués en 1870-1871. (Convention notariée du 30 juillet 1877. Décret du 20 avril 1878.)

M. Gautereau (Auguste-Gustave) fonde une messe et y affecte une rente de 5 francs. (Convention sous seings privés du 12 novembre 1890. Décret du 20 juillet 1891.)

Mme Marie-Claire-Léonie Sorbet et Mme Louis-Amédée Maës donnent une somme de 60 francs de rente pour 12 messes à l'intention de M. et Mme Le Prince Duclos. (Convention sous seings privés du 1er septembre 1891. Décret du 25 avril 1892.)

Congrégations. — Les sœurs de Saint-Vincent-de-Paul tiennent un asile pour les sœurs âgées et infirmes, un orphelinat de garçons et une maison de retraite pour les vieillards des deux sexes.

Les religieuses sont au nombre de vingt environ.

Les dames de Saint-Maur possèdent une propriété qui sert de maison de campagne pour leur pensionnat.

Les oratoriens dirigent un séminaire qui comprend 20 élèves.

§ VI. — SERVICES DIVERS

Poste, télégraphe, téléphone. — Le service est fait par le bureau de Bourg-la-Reine.

Une décision du sous-secrétaire d'État des postes et télégraphes (14 juin 1899) crée à L'Haÿ une recette simple des postes de 3e classe, sous les conditions que la commune devra fournir gratuitement, pendant une période de dix-huit années, les locaux que l'Administration jugera nécessaires au fonctionnement du service et au logement du titulaire. Elle fera, en outre, l'achat d'un indicateur système Thierry.

Actuellement, on procède à l'aménagement des locaux pour lequel l'administration alloue une subvention de 2.390 francs, qui s'ajoutera aux 717 francs provenant de souscriptions volontaires.

La mise en activivé de la recette simple aura lieu le 16 janvier 1900.

Le 27 septembre 1899, le Conseil municipal a autorisé le maire à signer une formule de déclaration, émanant de la direction des postes et des télégraphes, et relative à l'installation éventuelle d'un bureau télégraphique dans la commune.

Caisse nationale d'épargne (postale). — Néant.

Sapeurs-pompiers. — La subdivision des sapeurs-pompiers de L'Haÿ se compose de douze hommes, commandés par un sous-lieutenant.

Les pompiers sont exonérés des prestations.

Le Conseil municipal a voté, en 1897 :

Solde des tambours et clairons.	40 »
Assurance ou secours et pensions en faveur des sapeurs-pompiers blessés, de leurs veuves ou de leurs enfants	60,10
Rachat de la prestation individuelle.	54 »
Entretien des pompes et accessoires.	40 »

Le matériel de secours, composé de deux pompes et d'un dévidoir, est remisé dans un bâtiment spécial, sur la place de l'Église.

Marché. — Néant.

Pompes funèbres. — La commune n'a passé de traité avec aucune Compagnie; c'est la fabrique, qui, sur la demande des familles, se charge de faire venir le matériel nécessaire.

Bureaux de tabac. — L'unique bureau de tabac est rue du Val, n° 19.

Bibliothèque municipale publique. — La bibliothèque municipale de prêts gratuits à domicile a été créée en 1882.

Placée sous la direction du secrétaire de la mairie, elle est ouverte tous les jours au public.

1.021 volumes sont mis à la disposition des lecteurs qui, dans le cours de la dernière année, n'ont pas dépassé le nombre de quinze.

Archives de la commune. — Les archives de la commune se composent :

Des registres paroissiaux, depuis 1638;

Des registres de l'état civil depuis la Révolution ;

Des registres des délibérations depuis le 10 août 1788 ;

D'un manuscrit in-folio concernant les paroisses réunies de L'Haÿ et de Chevilly et datant de la fin du siècle dernier.

Et de divers dossiers, tous modernes.

Tous les registres sont reliés en parchemin, peau ou toile, et en bon état de conservation.

§ VII. — PERSONNEL COMMUNAL

NOMBRE	EMPLOI	TRAITEMENT
1	Médecin de l'état civil.............................,....	20 francs
1	Secrétaire de la mairie (emploi occupé par l'instituteur).	600 — et le logement
1	Receveur municipal (emploi occupé par le percepteur de Choisy-le-Roi)..	933 francs
1	Architecte...	5 0/0 sur les travaux
1	Agent voyer...	idem.
1	Cantonnier.......................................	1.380 francs
1	Garde champêtre.................................	930 — et le logement
1	Balayeur (pour la mairie et les écoles)....	150 francs

III. — RENSEIGNEMENTS DIVERS

Fêtes locales et foires. — La fête communale a lieu les deux derniers dimanches de juillet et le premier dimanche d'août; elle se tient sur la place de la Mairie et sur la place de l'Église.

Courses de chevaux. — Néant.

Principales industries. — La commune ne possède aucune industrie.

Commerce et productions du pays. — Le blé et les pommes de terre constituent les principales productions du pays et son seul commerce; la population est entièrement adonnée à la grande culture.

Le tableau suivant donne un aperçu des principaux genres de culture:

TERRI-TOIRE			CULTURES LABOURABLES					CULTURES FOURRAGÈRES				CULTURES industrielles	ARBORICUL-TURE	HORTI-CULTURE		VITICULTURE	SYLVICULTURE
Superficie totale	Agricole	Non agricole	Froment	Seigle	Avoine	Pommes de terre	Diverses	Betteraves	Diverses	Luzerne	Foin	Pommes de terre pour féculeries		de rapport	de plaisance		
hec.	hec.	hec.	hec.	hec.	hec.	hec.	hec.	hec.	hec.	hec.	hec.	hec.	hec.	hec.	hec.	hec.	hec.
390	374	16	80	8	71	63	»	8	»	20	20	•	45	3	47	8	1
			222					48				»	45[1]	50		8	1
									374 hectares								

1 Dont 30 hectares de pépinières et 15 de lilas à forcer.

Rendement moyen par hectare ensemencé :

    Froment. . . . .   35 hectolitres
    Avoine. . . . .   5o .   —
    Pommes de terre. . . . .   13o quintaux
    Betteraves . . . .   65o   —

Écoles libres. — Les sœurs de Saint-Vincent-de-Paul ont ouvert un asile enfantin.

Établissements privés de bienfaisance. — Les sœurs de Saint-Vincent-de-Paul dirigent la maison, dite de Sainte-Geneviève, qui reçoit des vieillards des deux sexes.

Sociétés diverses. — Une fanfare compte 25 membres qui payent une cotisation annuelle de 6 francs.

Médecins, pharmaciens, vétérinaires, sages-femmes.—A Bourg-la-Reine.

CONSEIL MUNICIPAL (1899)

Effectif légal : 12 membres

MM. LE PÈRE, Paul-André, maire.

HUARD, Louis-Clément, adjoint.

DE MONTIGNY, Charles, conseiller municipal.

RIVIÈRE, Pierre-Louis, conseiller.

PHILIPPE, Nicolas, conseiller.

BARRUÉ, Nicolas-Louis, conseiller.

MM. MICHAUX Charles-Albert-Victor, conseiller.

LEROY, Denis-Aimé, conseiller.

DAUVERNÉ, Pierre-Joseph, conseiller.

BERNHARD, conseiller.

DARCHE, Louis, conseiller.

MARTEAU, Paul-Edmond, conseiller.

TARIF DES CONCESSIONS

DANS

LE CIMETIÈRE

Des concessions perpétuelles, trentenaires ou temporaires de dix ans, sont délivrées aux prix fixés par le tarif suivant, établi en 1867 et approuvé en 1869.

CONCESSIONS PERPÉTUELLES

2 mètres superficiels . . . . . .   3oo francs

CONCESSIONS TRENTENAIRES

2 mètres superficiels . . . . . .   15o francs

CONCESSIONS TEMPORAIRES DE DIX ANS

2 mètres superficiels . . . . . .   6o francs

DROITS DE SÉJOUR DANS LE CAVEAU PROVISOIRE

(Délibération du 10 mai 1881, approuvée le 16 juin suivant.)

Pour les 15 premiers jours. . . .   15 francs
Pour les 15 jours suivants   10   —
De 3o à 9o jours   45   —
Au delà de 9o jours, par jour en plus   4   —

TARIF DES DROITS DE VOIRIE

§ I. — CONSTRUCTIONS NEUVES

Alignement pour chaque mètre de longueur de façade :
1° De bâtiment en maçonnerie . . . .   3 fr. 5o
2° De construction en pan de bois. . . . . . .   5 fr. »
3° De mur de clôture, y compris les parties de
  mur remises à neuf. . . . .   o fr. 70
Exhaussement d'un bâtiment, droit fixe . . . . .   6 fr. »

§ II. — CONSTRUCTIONS EN SAILLIE

1° Saillies fixes

Grand balcon, par mètre de longueur . . . . . .   6 fr. »
  (Sont considérés comme grands balcons ceux
qui ont plus de 2 mètres de longueur.)
Petit balcon, droit fixe . . . .   o fr. 9o
Perron en pierre, droit fixe . . . .   8 fr. »
Colonne ou pilastre, droit fixe. . . . .   2 fr. 5o
Borne isolée ou engagée, droit fixe . . . .   o fr. 70
Banc sur la façade des maisons, droit fixe . . . . .   o fr. 70
  (On payera en outre un droit pour la location du terrain
communal occupé par le perron. Ce droit sera déterminé par
le traité qui autorisera l'occupation du terrain. Le droit sera
dû lors même que les colonnes ou pilastres ne seraient en
saillie que d'une partie seulement de leur épaisseur.)

  NOTA. — Dans le cas de rétablissement de chacun de ces divers objets, il
ne sera perçu qu'un demi-droit.

2° Saillies mobiles

Auvent en bois ou en métal :
1° Au-dessus d'une boutique, droit fixe. . . . . . .   2 fr. 5o
2°   —   porte (marquise), droit fixe. .   25 fr. »
Porte ouvrant en dehors et croisée munie de
  contrevents, volets ou persiennes, ou garnie de

grilles ou barreaux en saillie ; pour chaque porte
ou croisée, droit fixe. . . . .   o fr. 90
Tableau, enseigne ou lanterne, droit fixe. . . . . .   4 fr. »
Devanture de boutique,   —   . . . . .   8 fr. »
Travail de maréchal ferrant, embattoir, échoppe,
    droit fixe. . . . .   18 fr. »
Perche d'étendage . . . .   o fr. 90

§ III. — TRAVAUX DE RÉPARATIONS

Reconstruction partielle de mur de face, y compris le
    bouchement des baies :
1º Au rez-de-chaussée d'un bâtiment, pour chaque
    mètre de longueur . . . .   1 fr. 70
2º Au-dessus du rez-de-chaussée, droit fixe. . .   3 fr. 20
Ouverture avec ou sans linteau ou poitrail :
1º D'une croisée . . . .   2 fr. 50
2º D'une porte bâtarde. . . . .   4 fr. »
3º D'une porte cochère ou d'une grille. . . . .   6 fr. 50
4º D'une baie de boutique . . . .   5 fr. 50
Ravalement partiel ou général :
1º De la façade d'une maison, droit fixe. . . .   2 fr. 50
2º D'un mur de clôture, droit fixe. . . . . . .   1 fr. 20
Colonne en fer ou poteau . . . .   4 fr. »
Revêtissement en dalles, par mètre de longueur. .   o fr. 90

§ IV. — DROITS DIVERS

Barrière devant des travaux, droit fixe . . . . .   1 fr. 50
Étai, chevalement, contre-fiche, droit fixe. . . .   3 fr. 50
Dépôt de matériaux autorisé sur la voie publique,
    quelle qu'en soit la nature, par mètre superficiel et
    par mois, droit fixe. . . . .   o fr. 25
    (On ne pourra taxer moins d'un mètre.)

TABLE

RENSEIGNEMENTS ADMINISTRATIFS

I. TOPOGRAPHIE, DÉMOGRAPHIE ET FINANCES

§ I. *Territoire et domaine*

§ II. *Démographie*

§ IV. *Justice et Police*

§ V. *Cultes*

§ VI. *Services divers*

§ VII. *Personnel communal*

III. — RENSEIGNEMENTS DIVERS

ANNEXES

COMPOSÉ, IMPRIMÉ ET BROCHÉ
PAR LES PUPILLES DU DÉPARTEMENT DE LA SEINE,
ÉLÈVES DE L'ÉCOLE D'ALEMBERT
A MONTÉVRAIN

COMPARAISON

DE LA

POPULATION

ET DES

RECETTES ORDINAIRES

Relevées aux époques de Recensement

(1801 à 1896)

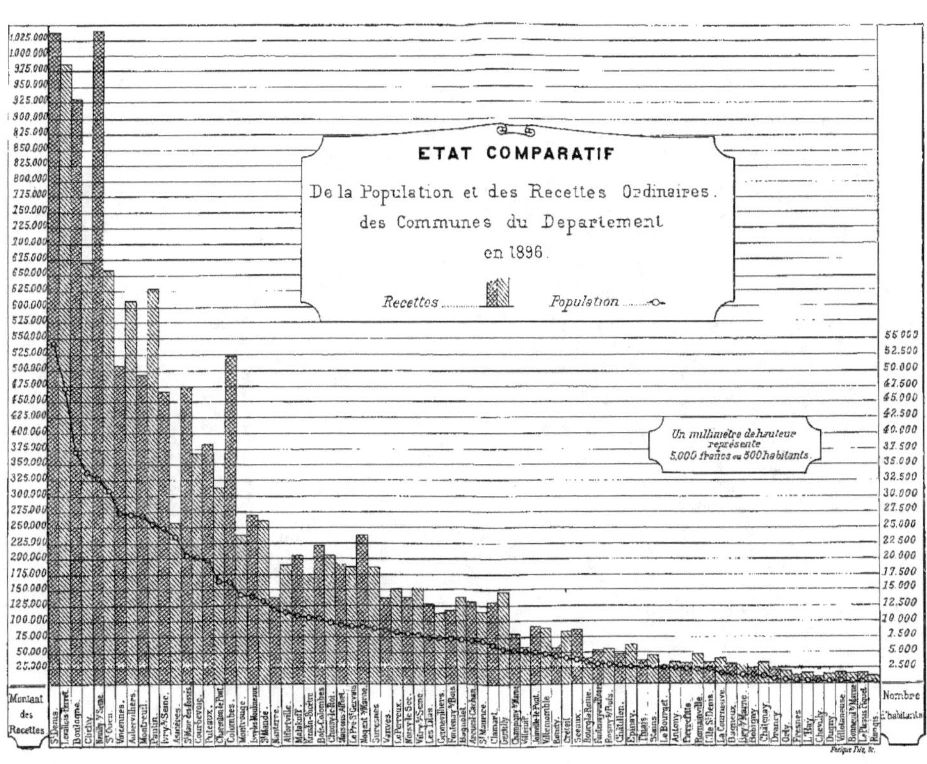

Peuque Pris, se.

Monographie des Communes du département de la Seine.

L'HAY

Limites actuelles de la Commune reportées sur la Carte dite des Chasses (1764-1773)

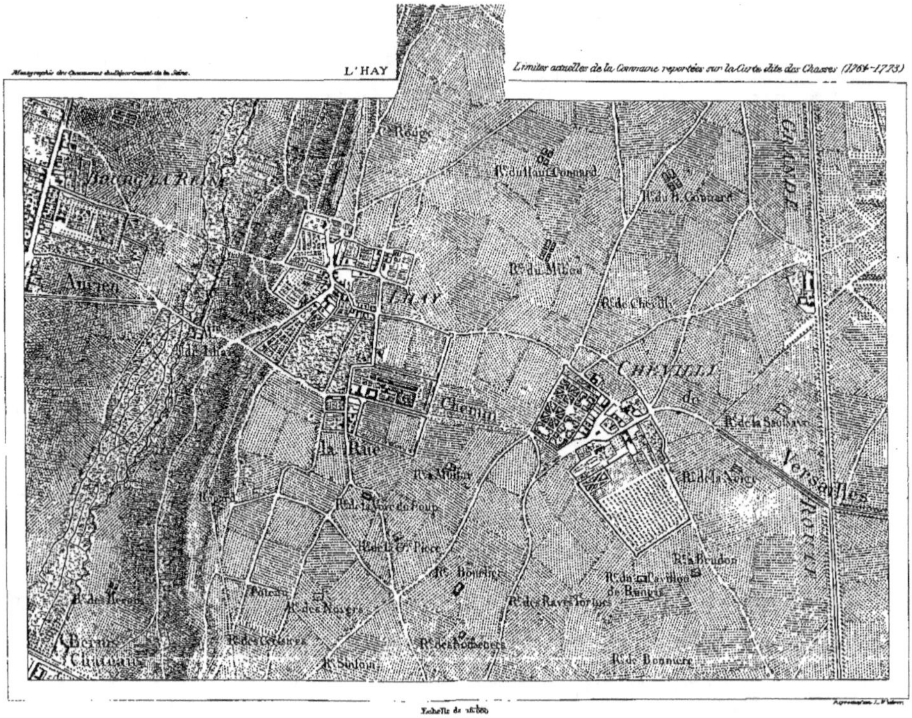

Echelle de [illegible]

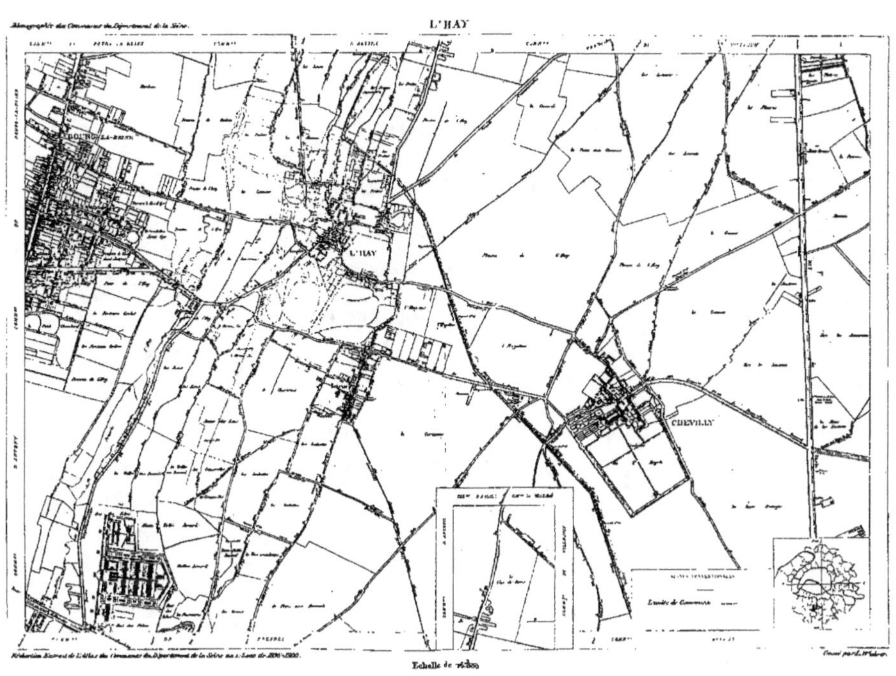

Monographie des Communes du Département de la Seine.
L'HAY
BOURG-LA-REINE
L'HAY
CHEVILLY
Limite de Communes
Réduction Réduite de l'Atlas des Communes du Département de la Seine au 1:5000 de 1896-1900.
Echelle de 1/15000

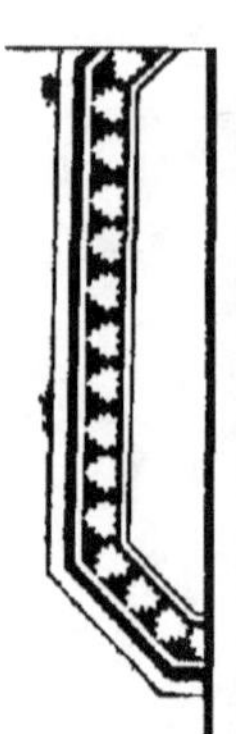

EN DÉPOT

À LA PRÉFECTURE DE LA SEINE

DIRECTION DES AFFAIRES DÉPARTEMENTALES

BUREAU DES COMMUNES

(Annexe Est de l'Hôtel de Ville)